はじめての 園児と楽しむ おもしろ実験 12ヵ月

川村康文（東京理科大学教授）
小林尚美（私立保育園 園長）
共著

イラスト：すずきまどか

風鳴舎

はじめに

　この本は、理科実験の専門家と幼児教育の現場の専門家とが協力しあって完成させた「幼児のための理科実験の本」です。

　この本で紹介した理科実験は、特に、園行事の流れのなかでスムーズに展開できるものでありながら、かつ年長さんの発達段階を十分に考慮して厳選したものです。実際に年長さんのクラスで授業実践を行って、その学習効果を確認しています。

　そのなかで著者らが学んだことは、この本では一般化して紹介している理科実験ですが、園児たちは、著者らの思いを飛び越えて、もっとすごい遊び方を自ら発見し、お友達と共有できるということです。そうしたシーンに何度も出会いました。ですから、ご指導の先生がたも、「うちの園でできるのかしら？」と考え込むよりは、是非、園児たちに投げかけてみてください。子どもたちが発見する新しい遊びや学びに出会い、先生がたと子供たちの新しいふれあいが生まれることでしょう。

　例えば、5月には、風車の実験を設定しています。これは、年少さんか年中さんで、きっとこいのぼりづくりはされているから、年長さんには一歩進んだものづくりの理科実験をしてもらいたいという思いがあったからです。

　7月の七夕さんには、少し早めの取り組みが必要かと思います。6月の後半から、七夕の準備や学習遊びをはじめられるものと思うので、この本では、七夕の飾りつけやひこぼしさまとおりひめさまのロマンチックな物語（学習遊び）の先に、面白い遊びを用意しました。夜光塗料で光るものを活用する実験です。お昼間の園のなかで、自分たちがつくったものがどこで光るか、光る場所さがしをして、さらにうれしいことに、それをお友達に教えあって、クラス一丸となる学びの姿を見ることができました。4月の風船ロケットの実験によるクラスづくりから続けてきたことが、花開いたと実感させてくれるシーンでした。

　このあと、クラスの全員が、毎月の実験の時間が待ち遠しいと担任に伝えるようになりました。他の行事や学びとあわせて、園行事がスムーズに進行するようになっていき、こどもたちひとりひとりの成長を実感することができました。特に12月の実験は、偏光板という、少し難しい無機質なイメージのする材料を使うものでしたが、とても美しくあたたかいアート作品を完成させ、クリスマスツリーに飾って楽しむことができました。

　このように実践に裏付けられた理科実験の数々を園の行事やカレンダーに合わせて1年12ヵ月分を1冊の本にまとめました。是非、園での学習に、この本で紹介した理科実験を取り入れてみて頂ければ幸いです。また、幼稚園や保育園の教育・保育実習や大学の授業のテキストとしても是非ご活用ください。

2020年1月

川村 康文、小林 尚美

もくじ

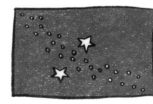

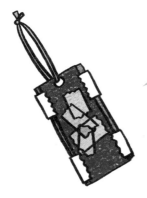

本書の使い方・注意点 （園の先生・保護者の皆様へ）

本書の対象は園の年長さんですが、年中さんも先生方や保護者の皆様にお手伝いいただければ実践可能です。以降に、本書各月の実験のポイントや授業の展開案、注意点などを、簡単に紹介します。

4月 入園のシーズン。この実験を通してクラスづくり（友達づくり）をしましょう！

5月 年少・年中さんはこいのぼりづくりを経験していると思うので、ここでは年長さん向けにちょっと変わった風車づくりをおこないます。

6月 梅雨どきに咲くあじさいの花の色で、酸性・アルカリ性の確認ができます。

7月 七夕のたんざくづくりにも、この実験を活かしてみましょう。

8月 アイスクリームをつくる実験は、とても人気ですが、衛生面には十分に注意しましょう。また、チームワークも大切になります。

9月 望遠鏡の実験です。まずは虫めがねで拡大して遊んでみてから、この実験に移りましょう。くれぐれも太陽をみないように注意してください！

10月 野菜や果物の浮き沈み実験は、園児にとってとても不思議です。ぜひ先生方も園児たちの注目の的となって、クイズ大会形式で実践してみましょう。

11月 どんぐりでは、いろいろな遊びができます。ぜひどんぐりコマもつくりましょう。キリを使う場合は十分に注意が必要です。どんぐりの代わりに紙ねんどを使えば安全です。

12月 きれいなステンドグラスのようになりますので、ぜひクリスマスツリーに飾ってあげてください。

1月 この実験は、園児の空間概念の発達を促す実験です。どちらかというと算数・数学の実験です。

2月 バレンタインデーの月なので、チョコづくりだけでもよいと思われるかもしれませんが、ここではベーキングパウダー（重曹）を使って一歩進んだ実験をおこないます。

3月 トースターで高い温度を扱うので、やけどには十分注意しましょう。また、プラスチックゴミによる海洋汚染の問題の解決のためにも、園児たちにプラスチックの性質をよく知ってもらいましょう。

4がつ
のじっけん

ふうせんロケットを
とばしっこして、
あたらしいおともだちを
つくろう！

さあ4がつ！

いちねんのはじまりです！

このほんでは、まいつき、はかせ（博士）と

えんちょうせんせい（園長先生）に

とうじょうしてもらって、

たのしいじっけんをくりひろげます。

こんげつは、

からだをうごかすじっけんです。

じっけんをつうじて、

おともだちづくりをしましょう。

いったいどんなじっけんなのでしょう。

2

はかせ！　4がつ、はじまりのつきです。こどもたちも、うきうきしているとおもいます。みんながえがおになる、たのしいじっけんをおねがいします！

えんちょう
せんせい

こどもたちどうしが、すぐにおともだちなれそうなじっけんをじゅんびしているから、おたのしみに！

はかせ

えっ！　すぐにおともだちになれるのですか？
いいじっけんですね！
こどもたちがおまちかねなので、さっそく、はかせ、よろしくおねがいいたします！

えんちょう
せんせい

まず、じっけんざいりょうです。ひとりぶんで、かんがえるよ。

はかせ

3

じっけんのてじゅん

こんげつのじっけんざいりょう

▶ **ほそながふうせん**　　　**1つ**

▶ **あつがみ**（いろがようし）　　**1まい**

▶ **ふうせんようポンプ**

（注：100円ショップなどで風船とセットで販売しています）

▶ **はさみ、セロハンテープ**

しゃしんでプレビュー

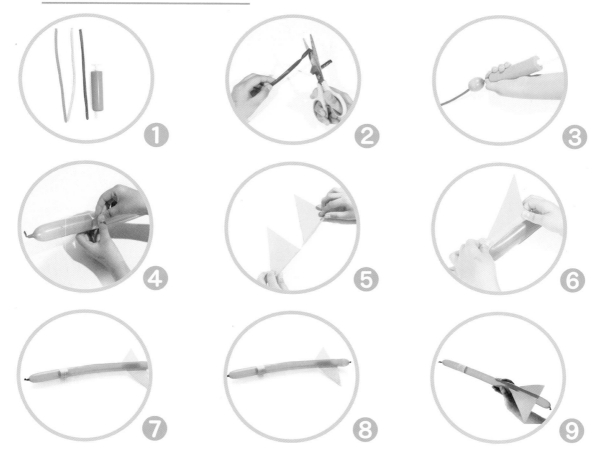

てじゅん①

ほそながふうせんを、はさみではんぶんにきります。

どうして、はんぶんにきるのですか？

えんちょう
せんせい

はかせ

こどもたちには、できたロケットがながくなりすぎて、とばしにくくなるからね。

てじゅん②

はさみできったら、ふうせんは、りょうがわともくち（口）があいてしまうので、かたほうをしばりましょう。

りょうがわともくちがあいていたら、いくらくうきをいれてもふくらみませんからね。

えんちょう
せんせい

てじゅん③

あなのあいたほうから、
くうきをふきこみます！
ふくらまないときは、
ポンプをつかってね。

てじゅん④

ながさが50cm(センチメートル)くらいになったら、くちをしっかりしばりましょう。これでロケットのほんたいができました。

うまくふくらまなかったり、くちをしばれないおともだちは、まわりのせんせいやほごしゃのみなさんにてつだってもらいましょう。

えんちょう
せんせい

てじゅん⑤

つぎは、このロケットのあたまに、あつがみではちまきをまきます。 あつがみを3cm×15cmていどにきって、ロケットにまいたら、セロハンテープでしっかりとめましょう！

なぜはちまきをまくのですか。かざりでしょうか？

えんちょう
せんせい

はちまきは、ロケットをうまくとばすための、おもりのやくわりをはたします。

はかせ

てじゅん⑥

さいごに、ロケットにはねをとりつけます。あつがみをしたのえのように きりとって、はりしろのぶぶんを、ロケットのおしりがわに、セロハンテープでしっかりとはりつけてください。このとき、ロケットのおしりからて（手）のひとにぎりぶんだけあけてください。

はねは、なんまいはったらいいですか？

えんちょう
せんせい

はかせ

そこがくふうのポイントなんだよ。はねのかたちにも、くふうがひつようだよ。

はねをつけるときに、てのひとにぎりぶんをあけたのはどうしてですか？

えんちょう
せんせい

はかせ

じつは、ロケットのおしりにゆびをさしこんで、くうきのばねのようにしてとばすこともできるんだ。もちろん、そのままなげるようにとばしてもいいよ！

かんせーい！！

【大人の方へ】
ロケット風船の実験を終えたあと、細長風船の結び目をハサミで切ると、風船を割らないで中の空気を抜くことができ、再利用できます。

ロケットを
とばしっこするのか。
たのしみだなあ。
うまくとんだら、
おともだちと
おしえっこしよう。

ニャンちゃんのぶんや
おともだちのぶんも
　てつだってあげようね。

ニャンのぶんはないの〜？

とばしてみよう！！

さあ、みんな！　とばしてみよう！　どれぐらい
とおくまでとばせるかな？　くふうしてみよう！
ほごしゃのみなさんも、ぜひさんかしてください。

はかせ

はねのかたちや、まいすうをくふうして、できるだ
けとおくにとばしてみましょう！　よくとんだおと
もだちは、どのようなくふうしたかをおしえてね。

えんちょう
せんせい

じっけんでわかったこと

　きょうのまとめです。ロケットのしせい
をよくして、とおくにとばすこつは、ひとつ
は、「ロケットのあたまを、おしりにくらべ
ておもくする」、もうひとつは、「ロケット
のおしりにはねをつける」でした。
　みんなでくふうして、よりとおくまでと
ばしてみよう！きっといいおともだちがで
きるよ。

詳しい解説（大人用）

ロケットを進行方向を軸として回転させ、尾翼をジャイロが回るように取りつけると、ロケットの姿勢はさらに安定します。しかし、回転運動にエネルギーが取られるので、飛距離は短くなってしまいます。グライダーのように、空気にうまく乗るようにすると、飛距離を伸ばすことができます。

さて、アイドルのコンサートで飛ばされるような特大1m風船と、普通の大きさの風船とでは、どちらが遠くまで飛ばすことができるでしょうか？　両者を同じ大きさの力で投げた場合、実は、大きな風船の方が遠くまで飛びます。確かに空気抵抗は大きな風船のほうが大きそうですが、実は、大きな風船の中には大量の空気が入っているため質量が大きくなり、その慣性のためより遠くまで飛ぶのです。

ところで風船ロケットは、理科以外に体育の授業でもよく使われます。特に、野球のボールをうまく投げられない生徒に、風船ロケットを投げる練習をさせることで、肩の回し方を体得させ、ボールの投げ方を身につけさせる教材としての利用も知られています。

本実験のミソは、身体を使って物理学を体感できる実験だということです。子供たちは、物理は嫌いなのに、野球のボールを何十球も投げ込んだり、サッカーでシュート練習を繰り返すことは苦にならないものです。風船を工夫をしながら投げることで、実は嫌いなはずの物理の勉強もしているのです。

5がつ
の
じっけん

こどものひの
そらにまわれ！
サボニウスがたふうしゃ

5がつ！ しんりょくのきせつ。

さわやかなかぜがここちよいですね。

みんなは、こどものひにむけて、

こいのぼりをじゅんびしたかな？

おとうさんごいのうえにつける「ふきながし」は、

かぜのふくむきをしらべることができるね。

いっぽう、かぜのつよさをかんじることが

できるじっけんもあるよ。

こんげつは、フィンランドの

サボニウスさんがはつめいした

ふうしゃ（サボニウス型風車）を

つくってみよう。

5がつになって、クラスのおともだちどうし、なかよしになってきましたね。こんかいは2どめのじっけんです。こどもたちも、まちどおしいみたいです。たのしいじっけんをおねがいします。

えんちょう
せんせい

まかせてください！　こんげつは、さわやかなきせつにふさわしい、こどもたちが、しぜんをかんじることができるじっけんをよういしていますよ！

はかせ

えっ、それはたのしみですね！　さっそく、よろしくおねがいします！

えんちょう
せんせい

まず、じっけんざいりょうです。ひとりぶんで、かんがえるよ。

はかせ

じっけんのてじゅん

こんげつのじっけんざいりょう

- ▶ かみコップ　　　２こ
- ▶ たけぐし　　　　１ぽん
- ▶ ストロー　　　　１ぽん
- ▶ はさみ、セロハンテープ、カラーペン
- ▶ ステイプラー（ホッチキス）、じょうぎ

しゃしんでプレビュー

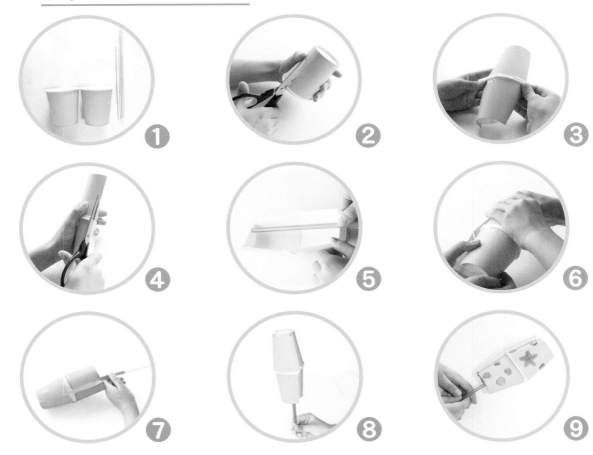

てじゅん①

かみコップを、はさみで、たてにはんぶんにきります。

たてにきるのはむずかしいですね？
どうすれば、うまくきれますか？

えんちょう
せんせい

はかせ

かみコップのたてせんにそってきるとらくにきれます。これでもむずかしいときは、はさみできるまえに、じょうぎなどで、たてせんをいれておくと、めじるしになるよ。

うまくはんぶんにきれなくて、かたほうがおおきくなることもありますが……ちょっとふあんです。

えんちょう
せんせい

はかせ

だいじょうぶです。おおきいほうを、もういちど、はさみで、ちいさいほうにそろえるようにきりましょう。もし、むずかしかったら、つぎのてじゅんをやってからでもいいですよ。

15

てじゅん②

はんぶんにきったコップを、くち（口）のぶぶんでお
ふね（舟）さんのようにあわせて、ステイプラー（ホッ
チキス）やセロハンテープでくっつけてとめます。

こうやって、くっつけてから、はみだした
ところを、はさみできってもいいですね。

えんちょう
せんせい

てじゅん③

つぎに、ストローのかたほうのさきっぽが、このおふねのふち（紙
コップの底の部分）にあたるように、ストローをセロハンテープでこ
てい（固定）します。このとき、ストローのあたまは、ふちのはん
ぶんのはんぶん（紙コップの底の直径の4分の1）のところにはりつけ
ます。おなじように、もうひとつのふち（反対側の底）とストロー
がくっつくところをセロハンテープでしっかりととめます。

（てじゅん④）

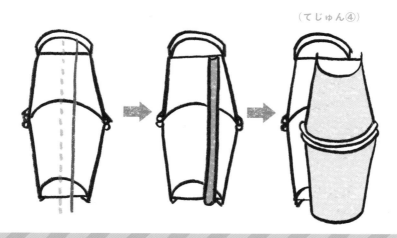

セロハンテープは、うまくつけられるまで、なんまいもはってもいいですか？

えんちょう
せんせい

はい、ぜひ、なんまいもはって、がっちりとはりつけましょう！

はかせ

てじゅん④

こんどは、もうひとつのおふねさんを、ストローをつけたおふねさんのうえからかぶせるように、セロハンテープをつかってはりつけます。

このとき、うえがわのカップをよこにずらして、ストローが、かぶせたところのうちのまんなかにくるようにして、セロハンテープでがっちりとめます。

はかせ

てじゅん⑤

さいごに、ストローのなかにたけぐしをさしてかんせいです！

あらあら、はかせ！　ストローがながくて、たけぐしがなかにはいってしまいますが……。

えんちょう
せんせい

はかせ

えんちょうせんせい、いいところにきがつきましたね。そのとおりです。ストローは、ふうしゃのしたのところからすこしだけでたところで、はさみできってしまいましょう。

かんせーい！！

18

まわしてみよう！

はかせ

さあ、ふうしゃのはねに、いきをふきつけてみましょう！　どうです？　くるくる、げんきよくまわるはずです。

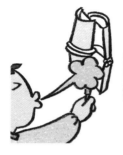

えんじのみなさんも、ふーふーとふいてみてください。

えんちょう
せんせい

はかせ

ふーふーふいて、よくまわったら、カラーペンでエコな（ちきゅうかんきょうをいしきした）おえかきをしてみよう！　おきにいりのシールをはってもたのしいですよ。

じっけんでわかったこと

　5がつには、よくこいのぼりをつくりますね。おとうさんごいのうえで、くるくるまわっているのが、かざぐるまです。このかざぐるまは，よこにまわります。サボニウスがたふうしゃも、かぜでまわりますが、ふつうのかざぐるまがよこむきにまわるのにたいして、このふうしゃはたてにまわるのです。

詳しい解説（大人用）

　一口に風車といっても、実はいくつかの種類があります。大きく分けると、風向きに対して風車の軸が水平向きの「水平軸風車」と、今回のサボニウス型風車のように、風向きに対して軸が垂直向きの「垂直軸風車」があります。さらに、風向きに対して垂直方向に発生する力（揚力）を利用する「揚力型風車」と、風向きに対して水平方向に発生する力（抗力）を利用する抗力型風車に分けることもできます。

　本書では、こどもも含めて専門家でない方々でも、簡単につくることができる風車として、垂直型で抗力型の「サボニウス型風車」を紹介することにしました。この風車の特長について説明しましょう。

　サボニウス型風車は、図のように、一度、羽根の内側に当たった風が中心軸を通り抜け、反対側の羽根の内側に当てることで、効率をよくした風車です。このことで、サボニウスは特許を認められました。

　また、サボニウス型風車は、
　①風向きを気にせず回る
　②騒音が少ない
　③微量の風で起動可能
という特長も持ち、都市環境に適した未来型の風車！　ということができます。

　日本国内でも、すでに各地で、サボニウス型風車の仕組みを採用した風力発電機が稼働しています。

図：パドル型風車とサボニウス型風車の比較

岩手県久慈小学校のサボニウス型風車

6がつ
の
じっけん

・・・・・・・・・・・・・・・・・・・・・・・

あじさい、
むらさきいもこ（粉）、
いろがかわる
ふしぎなえきたい

6がつ！　あじさいのきせつ。

「つゆ（梅雨）」といって、

あめばかりのひがつづくなか、

むらさきのあじさいや、ピンクのあじさい、

あおいあじさいと、さきみだれますね。

こんげつは、このあじさいの

いろのへんかともかんけいする

じっけんです。

たのしいじっけんをはじめましょう！

6
がつ

6がつ、あめのひがおおくて、こどもたちもそとで
あそべなくて、ちょっとかわいそうです。きぶんが
はれる、たのしいじっけんをおねがいします！

えんちょう
せんせい

はい、はい。こんかいはむらさきいもこ（粉）をつかっ
て、さまざまなえきたいのふしぎないろがわりじっ
けんをやってみましょう！

はかせ

えっ！　いろがかわるじっけんですか？　おもしろ
そうですね。

えんちょう
せんせい

まずは、ざいりょうのじゅんびから。こんげつはた
くさんのえきたいをよういしていただきますよ。

はかせ

じっけんのてじゅん

こんげつのじっけんざいりょう

▶ むらさきいもこ　１ふくろ（注：紫キャベツを絞った液でも代用可）

▶ みず、す、レモンじる、スポーツドリンク、せっけんすい、じゅうそう

▶ たまごパック　１つ（注：卵を入れる穴が６個以上のもの、製氷皿でも代用可）

▶ プラコップ　７〜８こ　▶ さかなのかたちなどのしょうゆいれ　７〜８こ

▶ ストロー　７〜８ほん　▶ ふせんし（付箋紙）　▶ ペン　▶ ノート

しゃしんでプレビュー

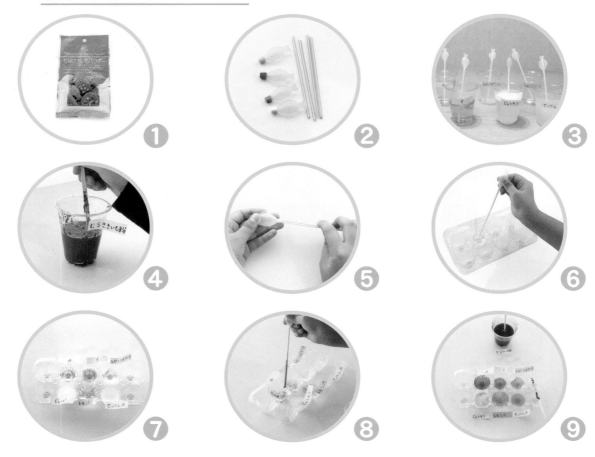

じっけんの下準備

　実験では、水、酢、レモン汁、スポーツドリンク、石鹸水、重曹を溶かした液を使います。これらを、あらかじめ、倒れにくい重いコップに入れて、中に入っているものがわかるように、付箋紙をつけて名前を書いておきます。またそれぞれのコップには、それ専用にスポイトを用意して差しておいてください。こどもたちにはそのスポイトで卵パックに取り分けてもらいます。年少さんの場合は、最初から卵パックに取り分けておくとよいでしょう。その場合、卵パックの穴に何が入っているかがわかるように付箋紙に名前を書いて貼っておきましょう。

　また、スポイトの練習用に、コップを準備して、水を入れておいてください。

　紫イモ粉が入手できない場合は、紫キャベツを絞った液を使ってください。

てじゅん①

むらさきいもこをみずにとかして、けんさえき（液）をつくります。

はかせ

えんでおともだちとじっけんするばあいは、むらさきいもえきをつくるかかりと、てじゅん②のスポイトをつくるかかりに、わかれてすすめるとこうりつてきだよ。

てじゅん②

しょうゆいれとストローでスポイトをつくってください。

はかせ

スポイトがかりのおともだちは、ストローをはんぶんにきって（みじかいストローのばあいはそのままでかまいません）から、しょうゆさしのくちにはめこんでね。

れんしゅうようのコップで、みずをすったりだしたりするれんしゅうをしておきましょうね。

えんちょうせんせい

てじゅん③

あらかじめよういしておいた、ちょうさする6しゅるいのえきたい（みず、れもんじる、スポーツドリンク、す、せっけんすい、じゅうそう）を、それぞれのコップにさしてあるスポイトをつかって、たまごパックにうつします。

そこ（底）がひたひたにかくれるくらいの、すくなめのりょうでだいじょうぶだよ。

はかせ

えきをうつしたら、それぞれのえきのなまえを、ペンでふせんしにしっかりかいて、たまごパック（またはそのちかく）にはっておきましょうね。

えんちょうせんせい

てじゅん④

たまごパックに6しゅるいのえきをうつしおえたら、むらさきいもこのしるを、スポイトをつかって、ちょうさするえきに、じゅんばんにかけていきます。

はかせ

このとき、たまごパックのなかのえきにストローのさきをつけないようにきをつけてね。

もし、ストローのさきがちょうさするえきにつかってしまったらどうすればいいですか？

えんちょう
せんせい

はかせ

そのときは、れんしゅうようのみずで、ゆすいでください。ちょうさするえきに、むらさきいもこのしるを1てきだけいれて、いろをしらべて、また、1てきだけいれて、いろをしらべて、というようにかんさつしていくよ。いろがはっきりわかったら、つぎのえきにうつってね。

てじゅん⑤

それぞれのえきがどうへんかしたか、よくかんさつして ノートにきろくしておきましょう。スマホやタブレットをつかうのもいいでしょう。

はかせ

たまごパックのなかのえきたいは、それぞれなにいろにかわったかな？

あかー！　むらさきー！
あぉー！

えんじたち

どうしていろがかわったのか、はかせのせつめいをききましょうね。

えんちょう
せんせい

しらべてみよう！！

じっけんでわかったこと

　このじっけんは、さんせい（酸性）、ちゅうせい（中性）、アルカリせい（性）をしらべるじっけんです。わたしたちがのむみず（水）やジュースは、すっぱいものはさんせい、ちょっとにがいものはアルカリせいです。おなかがいたくなったときにのむ、いぐすりは、アルカリせいです。シュワーっとするたんさんジュースはさんせいです。

詳しい解説（大人用）

レモンや酢のように酸っぱいものは酸性です。重曹（じゅうそう）のように少し苦いものはアルカリ性です。リトマス試験紙やBTB溶液などを用いると、酸性・アルカリ性の判定だけでなく、指示薬としてその強さも判定できます。紫いも粉や紫キャベツも、指示薬として利用できます。水溶液の酸性・アルカリ性の程度を表すには、pH（ピーエイチ）を用います。酸性が強い場合にはpHが1、アルカリ性が強い場合にはpHが14、真水のような中性の場合はpH7です。

紫いも粉は、pHが1〜3ぐらいなら赤、pHが4〜6なら赤紫、7〜9なら青紫、10〜11なら青緑、12〜13なら緑へと変化します（pH=14は実現できませんでした）。

サラダにドレッシングをかけるとおいしそうな色にみえますよね。赤タマネギや紫キャベツなどの場合、ドレッシングが酸性なので、やや赤味がかかって、おいしそうにみえます。紫キャベツに限らず、アントシアニンという色素が入った食材は、酸性・アルカリ性の試薬として利用できます。

あじさいの花は、酸性だとピンク、アルカリ性だと青色になりますが、土壌が酸性だと逆に青色の花に、土壌がアルカリ性だとピンクの花になります。

どじょうが
さんせいだとあおに、
アルカリせいだと
ピンクになるんだね。

7がつ
の
じっけん

······························

ほしにねがいを！
たなばたに
かがやくほしぼし

♪さーさーのは、さーらさら♪

7がつのイベントといえば、たなばたですね!

ことしも、おりひめさまとひこぼしさまは、

ちゃんとであえるかな?

こんげつは、たなばたにちなんで、

みんなのおへやをロマンチックにするじっけんです。

たのしみですね。

たなばたのきせつですね。ことしも7がつ7にちの
よる、1ねんにいちどだけ、おりひめさまとひこぼし
さまが、であえますように！

えんちょう
せんせい

　　　　おお、なんとロマンチックな！　ふたり
のねがいがかなうひにちなんで、たんざくにねがい
ごとをかいて、ささ（笹）につるすんだったね。

はかせ

そうですけど。たんざくにねがいごとをかくだけだっ
たら、じっけんとはいえませんね。たなばたにふさ
わしい、とっておきのじっけんをおねがいします。

えんちょう
せんせい

まかせておきなさい！　みんなのおへやをすてきに
かがやかせるロマンチックなじっけんをよういして
いるからね。

はかせ

33

じっけんのてじゅん

こんげつのじっけんざいりょう

▶ ちくこう（蓄光）シート　1まい
▶ くろいあつがみ（A4ていど）
▶ はさみ、セロハンテープ

注：蓄光シートが入手できない場合は、
夜光（蓄光）ペン（写真⑨）で描くことでも実験可能です。

しゃしんでプレビュー

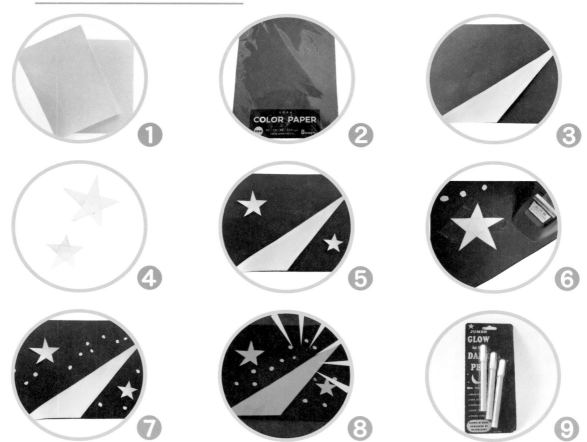

COLOR PAPER
8 SHEETS

JUMBO
GLOW
in the
DARK
PEN

てじゅん①

まず、さいしょに、くろのあつがみに、ちくこうシートであまのがわ（天の川）をはりましょう。

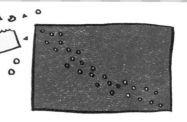

> くろいかみのまんなかぐらいでいいですか？

えんちょう
せんせい

はかせ

> はい。イラストのようにほしくずがかわとなってながれているイメージでも、しゃしんのように1まいのおおきなかわのイメージ（写真❸）でも、じゆうにくふうしてください。

てじゅん②

つぎに、ちくこうシートをおほしさまのかたちにきって、くろいかみのあまのがわのりょうがわにはりましょう。

> そのおほしさまは、おりひめさまやひこぼしさまなのですね？

えんちょう
せんせい

はかせ

> たなばたなので、ぜひ、そうしましょう！シールののりでうまくくっつかないときは、あまのがわもおほしさまも、セロハンテープでしっかりとはりましょう。これでじゅんびはかんりょうだ！

てじゅん③

できあがったシートをテーブルのうえなどにおいて、へやを
まっくらにします。このとき、おへやをいったんあかるくし
てから、あかりをけします。

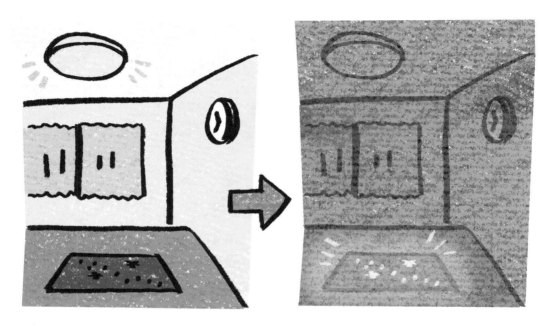

はかせ

> そとのひかりもはいらないようにカーテンもしめま
> しょう！　どうなるかな？

> まあ！　くらやみに、おりひめさまやひこぼしさま、
> あまのがわが、きれいにかがやきました！　えんじ
> のみなさん、ねがいごとをしましょうね。

えんちょう
せんせい

36

かんせーい！！

はかせ

じっけんがせいこうしたら、うちゅうやおほしさまのこともいろいろしらべて、ほっきょくせい（北極星）やほくとしちせい（北斗七星）などを、ちくこうシートでつくって、くろいかみにはってみるのもいいですね。

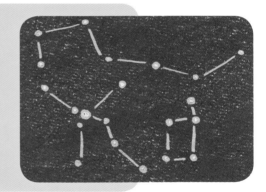

おひるねのじかんに、おへやにさまざまなせいざ（星座）や、ひこぼしさまやおりひめさま、あまのがわなど、たんにんのせんせいと、おかざりするのもすてきですね。はかせ！　ありがとうございました。

えんちょう
せんせい

じっけんでわかったこと

よる、へやをくらくすると、はりやもじばんがひかるとけいがあるよね。これは、やこうとりょうがぬられていたり、やこうとりょうがまぜってあったりするんだよ。アクセサリーやガイコツにんぎょう（人形）で、おなじようにへやの

でんきをけすと、くらやみのなかでひかりだすものをみたことがないかな？
　やこうとりょうは、「ちくこうざい（蓄光材）」というもので、あかるいところでひかりのエネルギーをためこんでおいて、まわりがくらくなるとひかりだすんだ。

詳しい解説（大人用）

お星さまのお飾りの実験が上手くいったら、ちょっと上級編になりますが、地球儀の海の部分に蓄光シートを切り貼りし、陸の部分を黒いマジックインキで塗り潰して、光る地球を作ってみましょう。
　宇宙からみた地球は青く美しく輝く素晴らしい星です。私たち宇宙船地球号の乗組員は、この美しい星、地球を大切に守っていく必要があります。
　この地球儀を、部屋につるして、いったん、部屋を明るくして、地球儀に光エネルギーを十分に与えてから、照明を消して

真っ暗にしてみましょう。暗がりの中に、地球がさんさんと輝きます。

8がつ
の
じっけん

アイスクリームを
つくろう！
ふりふりうんどうかい

なつ、8がつ、あついまいにちがつづきます。

こんなときにやってたのしいじっけんといえば……、

アイスクリームをつくるじっけん！

こんかいは、ねんしょうさんもねんちゅうさんも

ねんちょうさんもたのしめます。

はかせ！ こんかいは、なんのじっけんですか？

えんちょう
せんせい

8がつのあついじきです。おいしいアイスクリーム
をつくるじっけんをしませんか？

はかせ

はかせ、ナイスです！　なつにぴったりですね。

えんちょう
せんせい

こんかいは、えんじのみなさんのたいりょくをつけ
るじっけんです。うんどうしたあとのつめたいアイ
スはかくべつですよ。

はかせ

じっけんのてじゅん

こんげつのじっけんざいりょう

▶ **ぎゅうにゅう**（とうにゅうでもよい）

▶ **さとう、しお、こおり**　▶ **タオル**

▶ **しっかりとしまるちいさいケース**（ぎゅうにゅうとさとうをいれる）

▶ **しっかりとしまるおおきいケース**（こおりとしおをいれる）

（注：ケースは100円ショップなどで入手できます。形は丸でも四角でも可）

しゃしんでプレビュー

① ② ③ ④ ⑤ ⑥ ⑦ ⑧ ⑨

てじゅん①

まずさいしょに、しっかりとしまるちいさい
ケースにぎゅうにゅうとさとうをいれます。
つぎにおおきいケースにこおりとしおをいれ
ます。

どんなケースがいいのですか？

えんちょう
せんせい

はかせ

ふたがしっかりとしまって、くちがおおきいケース
がいいね。おおきくないと、できあがったアイスク
リームをとりだしにくいから。それか
ら、じょうぶなケースがいい。こおり
をいれてはげしくふるので、こおりが
あたってこわれてしまうといけないか
らね。

ということは、こおりも、こまかくしておいたほう
がいいですね。

えんちょう
せんせい

てじゅん②

ぎゅうにゅうとさとうをいれたちいさいケースのふたをしっかりとしめて、こおりとしおをいれたおおきいケースのなかにいれ、おおきいケースのふたもしっかりとしめます。

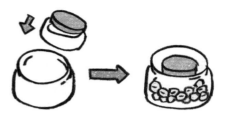

ぎゅうにゅうとさとうが、こおりでつめたくひやされますね。

えんちょう
せんせい

はかせ

みずは、0℃（ど）でこおるけど、ぎゅうにゅうやさとうをとかしたばあいは、もうすこしひくいマイナス10℃ぐらいまでさげないとこおらないんだ。

どうすれば、マイナス10℃にできるのですか？

えんちょう
せんせい

はかせ

じつは、こおりにしお（塩）をまぜると、マイナス10℃ぐらいにすることができるんだ。

てじゅん③

ケースをタオルでしっかりとくるみます。

そとがわのケースもすごくつめたくなって、て（手）でもつのがつらくなりそうですね。

えんちょう
せんせい

そのとおり！ つめたくてももてるように、タオルでしっかりとくるみましょう。

はかせ

てじゅん④

タオルでくるんだケースをりょうてでしっかりともって、いきおいよくふります。

かちかちのシャーベットをつくるのであれば、そのままこおらせればいいんだけど、ふわふわのアイスクリームにしようとすると、ちょっとくふうがひつようです。

はかせ

どうすればいいか、みなさんもかんがえてみましょう。ちょっとむずかしいですね。

えんちょう
せんせい

こたえは、しっかりとふって、あわだてて、くうきをまぜればいいんだ。

はかせ

てじゅん⑤

えん（園）でつくるばあいはおともだちとてわけして、おうちでつくるばあいはほごしゃのかたにてつだってもらって、20ぷんくらいしっかりとふりましょう。

はかせ

アイスクリームができあがるのに、20ぷんくらいかかるから、4にんのはん（班）だとひとり5ふん、5にんのはんでもひとり4ぷんかんケースをふらなければならない。これはくるしそうだね。

クラスのにんずうにもよりますが、どうすればいいとおもわれますか？

えんちょう
せんせい

はかせ

いちどにふるじかんは、ひとり1ぷんくらいがいいとおもうので、1ぷんずつ、なんかいかこうたいしてがんばりましょう！　そのあいだ、まっているおともだちは、がんばってふっているおともだちをおうえんしようね。

きょうはふりふりだいうんどうかいですね！　リレーきょうそうのようにチームワークがたいせつです。でも、はげしくふりすぎてとなりのおともだちにぶつけたり、おとしたりしないようにちゅういしてがんばりましょう。

えんちょう
せんせい

かんせーい！！

アイスクリームはふんわりとおいしそうにできたかな？　ひとりぶんずつわけてたべようね。

はかせ

じっけんでわかったこと

みずは、0℃でこおり、100℃でふっとうします。みなさんのたいおんは36℃よりすこしだけたかいし、おふろには42℃ぐらいではいるとちょうどいいです。

アイスクリームのもととなる　おさとういりのぎゅうにゅうは、0℃ではなかなかこおりません。マイナス10℃ぐらいにしないとこおりません。

そこで、0℃よりひくいおんどにしてアイスクリームをつくるために、こおりにしおをまぜます。また、そのままこおらすとかたいシャーベットになるので、しっかりとふりつづけて、くうきをまぜてあわだてながらこおらせます。

47

詳しい解説（大人用）

　水は、不純物が溶け込むと凝固点降下を生じます。そのため元の凝固点では凝固せず、それよりも低い温度になってはじめて凝固を始めます。したがって、砂糖水や食塩水などの水溶液は、0℃では凍らず、それより低いマイナスの温度で凝固します。同様に沸点上昇も生じます。つまり、100℃以上でないと沸騰しません。液体の濃度が薄い場合には、凝固点降下も沸点上昇も、モル濃度に比例します。

　凝固点降下度を Δt、モル凝固点降下を k〔K·kg/mol〕、質量モル濃度を m〔mol/kg〕とすると、

$$\Delta t = km$$

となります

9がつの
じっけん

ぼうえんきょうを
つくって
ロマンチックにおつきみ！

♪うーさぎ、うさぎ、なにみてはねる。

じゅうごやおーつきさま、みてはーねーるー♪

9がつのつきは、ちゅうしゅうのめいげつ（中秋の名月）と

いいます。おつきさまのせかいでは、

ほんとうにうさぎがもちつきをしているのでしょうか？

ぼうえんきょうをつくって、しらべてみましょう。

せんげつは、アイスクリームをつくるうんどうかい
で、こどもたちも、からだをうごかしながら、より
なかよしになってきました。

えんちょう
せんせい

りかのじっけんには、たいりょくがひつようなばあ
いもあることがわかってよかったですね。こんげつ
は、うってかわって、じっくりとおちついたじっけ
んをすることにしましょう。しぜんのだいかんさつ
じっけんをね。

はかせ

しぜんのだいかんさつじっけん？　なにをかんさつ
するのですか？

えんちょう
せんせい

9がつといえば、もちろん、おつきみ。ぼうえんきょ
うをつくって、おつきさまのかんさつじっけんをし
ましょう。

はかせ

じっけんのてじゅん

こんげつのじっけんざいりょう

▶ ラップのしん　１ぽん
▶ くろいがようし　１まい
▶ おおきさのちがうとつ（凸）レンズ　２まい
▶ はさみ（カッターナイフ）、セロハンテープ
▶ カラーペン

しゃしんでプレビュー

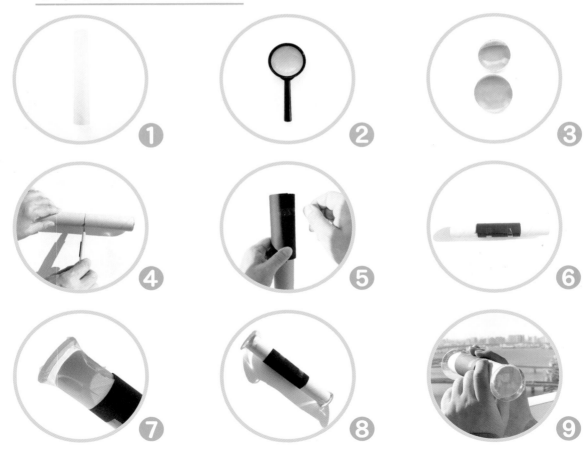

じっけんの下準備

100円ショップなどで、虫眼鏡やルーペ、老眼鏡、双眼鏡などを購入するか、インターネットで焦点距離の異なる凸レンズを2枚、購入しておきましょう。

虫眼鏡やルーペは凸レンズです。老眼鏡も凸レンズです。近視用の眼鏡は凹レンズです。双眼鏡は凸レンズと凹レンズが使われています。これらの器具から、レンズのみをとりだしておきましょう。

てじゅん①

ラップのしんを、はさみやカッターナイフではんぶんにきりわけます。

はかせ

はさみできるのがむずかしかったら、せんせいやほごしゃのみなさんにてつだってもらってください。

てじゅん②

はんぶんにきりわけたら、そのうちの1つのつつ（筒）のまわりに、つつのはしと、くろいがようしのはしをあわせてまきつけ、セロハンテープでとめてください。

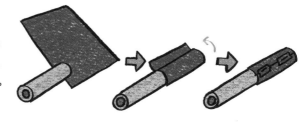

つつのながさをながくするということですね。

えんちょうせんせい

てじゅん③

つぎに、くろいがようしのつつでラップのしんのないほうに、はんぶんにしたもう1ぽんのラップのしんをさしこんでください。

はかせ

> これで、あとからさしこんだラップのしんが、ぬきさしできるようになるはずだ。

> なるほど、ほんもののぼうえんきょうみたいになってきました。

えんちょう
せんせい

てじゅん④

2まいのとつ（凸）レンズをとりだして、おおきさがちがうことをかくにんします。

> とつレンズってどういうレンズですか？

えんちょう
せんせい

はかせ

> むしめがねのように、もじ（文字）やもの（物）をおおきくするためにつかいます。

> 2まいのとつレンズのおおきさは、ちがうものをつかうのですね？

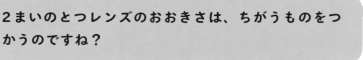

えんちょう
せんせい

はかせ

そのとおり。そうしないと、ばいりつが1ばいとなって、ちょくせつめ（目）でみたのとおなじになって、ぼうえんきょうをつかういみがなくなってしまうからね。

てじゅん⑤

くみたてたラップのしんのりょうがわのあなに、大小の凸レンズを1まいずつはりつけます。このとき、レンズのまんなかが、つつのまんなかにくるように、セロハンテープでしっかりととめてください。

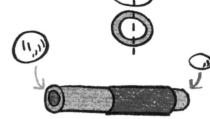

レンズがつつよりおおきくて、レンズがはみだすのですが……。

えんちょう
せんせい

はかせ

だいじょうぶ。レンズを、つつからはみだしたまま、セロハンテープでしっかりととめましょう。

はんたいに、もう1つのレンズはつつよりちいさくて、ひかりがもれてしまいますが……。

えんちょう
せんせい

はかせ

そのばあいは、セロハンテープでしっかりととめたあと、くろいかみかくろのガムテープで、すきまをおおいましょう。

かんせーい！！

はかせ

さあこれで、ケプラーしきぼうえんきょうの
かんせいだ！　できあがったら、のぞいてみ
てごらん！　ほんものが、さかさまにみえる
けど、おおきくみえるはずだよ。

どのようにみえたか、ほうこくもよろしくね！　え
にかいてみるのもいいですね。よるになったら、で
きあがったぼうえんきょうで、ほごしゃのみ
なさんとおつきみをしてみましょう。

えんちょう
せんせい

じっけんでわかったこと

みなさんは、ケプラーさん（1571-1630）よりも、ガリレオさん（1564-1642）というひとをよくしっているのではないかな。ガリレオさんはてんさい（天才）といわれ、ケプラーさんよりもさきに、とつレンズとおう（凹）レンズをつかってぼうえんきょう（ガリレオしきぼうえんきょう）をつくったのだけれど、いっぱんのひとにはあつかうのがむつかしかったんだ。それでもガリレオさんは、そのぼうえんきょうをじょうずにつかって、もくせい（木星）にも4つのつき（月）があることをはっけんして、ガリレオえいせいとなづけたりしたんだけどね。

そのあと、だれにでもつかえるようにと、ケプラーさんが、よりあつかいやすい、ケプラーしきぼうえんきょうをつくったんだ。

ケプラーさん

ガリレオさん

もし、みなさんのおうちにしはん（市販）のぼうえんきょうがあれば、それはきっとケプラーしきのぼうえんきょうのはずです。ぜひ、せいのうのいいぼうえんきょうでもおつきさまをみてみてください。ただし、ぜったいに、ぼうえんきょうで、たいよう（太陽）をみてはいけません！　しつめい（失明）してしまうことがあるのでとてもきけんです。

詳しい解説（大人用）

　　2枚のレンズを組み合わせて作る望遠鏡としては、ガリレオ式と、今回作ったケプラー式が有名です。ガリレオ式望遠鏡は、凸レンズと凹レンズを組み合わせて使い、像は上下そのまま見えるけど調整がむつかしく倍率も出しにくい、ケプラー式は、像がさかさまに見えるけど調整が簡単で倍率も出しやすい、という特徴があります。

　　スポーツ観戦やコンサート会場でつかう双眼鏡は、その多くがガリレオ式望遠鏡です。だいたい8倍から10倍の倍率で使います。最近では、双眼鏡もガリレオ式でなく、ケプラー式でプリズムをつかって、上下が反転しないでそのままみえるようにしたものも増えてきています。　大きな天文台でみる望遠鏡は筒の横側からみるものが多いのですが、これはレンズだけではなく、鏡も使った反射望遠鏡です。

　　みなさんの中には、お子さまたちと一緒に夜空に輝く美しい星をみているうちに、天体望遠鏡を使ってもっと遠い宇宙をみてみたくなる方もいらっしゃるでしょう。そこにはロマンチックな世界が広がっているはずです。

10がつ
の
じっけん

....

ハロウィンのかぼちゃは
うくかな？
しずむかな？

10がつ！　ハッピー・ハロウィンのきせつです。

ハロウィンといえば、かぼちゃ。

どんなまほうのじっけんになるのかな？

こんげつは、かぼちゃをはじめ、

やさいがたくさんとうじょうするクイズのようなじっけんです。

10がつは、ごぞんじ、ハロウィンのきせつです。こどもたちもほごしゃのみなさまも、「ことしはこどもたちにどんなかそう（仮装）をしようかしら？」とかんがえをめぐらすころかとおもいます。このじきにふさわしいじっけんをおねがいします！

えんちょう
せんせい

ハロウィンといえば、だれもがおもいうかべるのが、かぼちゃ！　ところでえんちょうせんせい、かぼちゃはみずにうくとおもいますか？

はかせ

えっ！　あれはおもいからしずむにきまっているでしょう。はかせ！　そんなかんたんなこと、しつもんしないでね。

えんちょう
せんせい

ふふふ、けっかがたのしみですね。こんげつはやさいがたくさんとうじょうするハロウィンクイズたいかいです。

はかせ

じっけんのてじゅん

こんげつのじっけんざいりょう

▶ みずがはいったすいそう　　1つ

▶ いろいろなやさい

（にんじん、ピーマン、トマト、さつまいも、かぼちゃ　かく1こずつ）

しゃしんでプレビュー

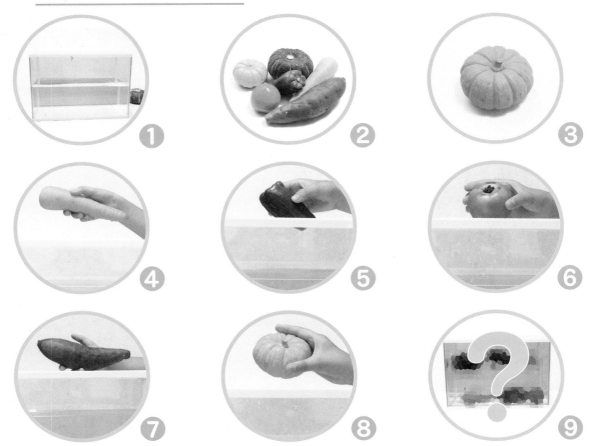

てじゅん①

すいそうにたっぷりのみずをいれる。

はかせ

すいそうにみずをはって、いろいろなやさいをうかべてみよう。なにからはじめるかは、みんなのリクエストできめるよ。ハッピー・ハロウィンのかぼちゃは、さいごにしようね。

それはいいかんがえですね。えんじのみなさん、さいしょにうかべてみたいやさいはなんですか？

えんちょう
せんせい

ピーマン！　にんじん！　たまねぎ！　……（いろいろななまえがあがる）。

えんじたち

てじゅん②

にんじんをすいそうにそっといれる。

はかせ

では、はじめるよ。さいしょはこのやさい。これは
なんですか？

にんじん！ きらーい！ たべられない。

えんじ

では、これはみずにうくでしょうか？

はかせ

うく！ うく！ いや、しずむ！
うわー！わかんない！

えんじたち

はかせ

こたえは（A）です。みんなのよそうはあたったかな？

（注：こたえは、70ページにあります。）

てじゅん③

2ばんめのやさい、ピーマンをすいそうにいれる。

はかせ

それでは、これはなんですか？

ピーマン！　わたし、にがてー！

えんじ

はかせ

では、これはうくかな？

ピーマンって、なかみからっぽだろー？　きっとう
くよ！

えんじ

まあ、こたえは（B）でした！　あたったおともだち
おめでとう！

えんちょう
せんせい

65

てじゅん④

3ばんめのやさい、トマトをすいそうにいれる。

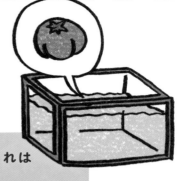

つぎはトマトだ。うくかしずむか？　これは
むずかしいぞ。

うく！　うく！　いや、しずむ！
うわー！わかんない！

えんじたち

まあ、こたえは（C）でした。

えんちょう
せんせい

はかせ

トマトはむずかしくて、このトマトのようにしっか
りとじゅくしたものはしずむけど、そうでないじゅ
くしてないトマトは、えいようがつまっていなくて
ういてしまうんだ。

みずにしずむトマトをえらべば、しっかりとじゅく
した、えいようたっぷりのトマトがたべられますね。

えんちょう
せんせい

66

てじゅん⑤

4ばんめのさつまいもをすいそうにいれる。

はかせ

> つぎはさつまいもだ。これはうくかな？　しずむかな？

> うく！　うく！　いや、しずむ！さつまいもはつちのなかでとれるからしずむ！

えんじたち

> こたえは（D）でした。よそうがあたったおともだちもたくさんいましたね。

えんちょう
せんせい

10
が
つ

67

てじゅん⑥

さいごにかぼちゃをすいそうにいれる。

それでは、おまちかね、ハロウィンのだしもの、かぼちゃだよ。これはうくかなしずむかな？

うく！うく！　いや、しずむ！うわー！わかんない！　たしか、えんちょうせんせいは、しずむっていってたよ！

えんじたち

はかせ

はい。こたえは（E）でした。えんちょうせんせい、ざんねん！

まあ、びっくり、よそうがいでした！　やさいにしたしむじっけんをたのしんで、みんなのやさいぎらいがなくなると、せんせいはうれしいです。はかせ、ありがとうございました。

えんちょうせんせい

じっけんでわかったこと

こうずいのとき、つちにうまっているやさいがみずにうくと、ながされてしまうかもしれませんね。そのため、にんじんやさつまいものように、つちのなかにうまっているやさいは、おもくてみずにしずむものがおおいのです。いっぽう、き（木）やくき（茎）にぶらさがるようにできるみ（実）は、あまりおもいとじめんにおちてしまうので、かるくてみずにうく

ものがおおくなっています。

でも、トマトのように、じゅくするまではみずにうき、じゅくしてしっかりとえいようがたまると、みずにしずむものもありますよ。

ほかのやさいやくだものも、うくかしずむかしらべてみましょう。じっけんがおわったらおいしくたべることもわすれずにね！

じっけんけっかのきろくひょうのれい

やさい・くだもの	よそう	じっけんけっか
にんじん	うく	しずむ
ピーマン	うく	うく
とまと	うく	じゅくしたものはしずむ
さつまいも	しずむ	しずむ
かぼちゃ	しずむ	うく
パイナップル	しずむ	うく
りんご	うく	うく
たまねぎ	しずむ	うく
アスパラガス	うく	うく

詳しい解説（大人用）

　毎年収穫されるお米のうち、重いものは次の年に蒔く分として保存され、軽いものは食用として出荷されます。このとき、重い米粒と軽い米粒はどうやって分けているのでしょうか？

　いわゆる密度が水よりも大きいと沈み、小さいと浮きます。水の密度は、おおよそ1g／cm³です。水に沈むものでも、より密度が大きいものを調べるために食塩水が使われます。お米の場合は、食塩水に浮くと出荷され、沈むと翌年蒔く米とされま

した。

　よく、溺れている人を助けるのに、ペットボトルを投げ入れようといいますが、果たして正しいのでしょうか？　ペットボトルは、PET（ポリエチレン・テレフタート）でできているので、それ自体は水に沈みます。中身（水などの飲料）の詰まったペットボトルも同様に溺れている人に投げ与えても助けにはなりません。ただし、ペットボトルに空気を入れてキャップをしたものは浮き輪の代わりになります。

＜じっけんのこたえ＞
A：しずむ、B：うく、C：じゅくしたものはしずみ、わかいものはうく、D：しずむ、E：うく

11 がつ の じっけん

えんそくで
あつめたどんぐりで
やじろべえをつくろう！

11がつは、えんそくのきせつ。

やま（山）やもり（森）にでかけるえんじたちも

おおいかとおもいます。あきは、みのりのあきといって、

くだものやきのみ（木の実）やきのこなどが

たくさんみのるきせつでもあります。

こんげつは、このうちのどんぐりをいっぱいあつめて、

たのしいじっけんをしましょう！

はかせ

こどもたちが、えんそくで、どんぐりをたくさんあつめてきたようだね。こんげつはこのどんぐりをつかってじっけんをしよう。じつは、どんぐりは、いきものなのだ。

えっ！　どんぐりは、いきているのですか？

えんちょう
せんせい

はかせ

そうそう。だから、どんぐりのなかに、むしのようちゅうが、どんぐりをたべながらくらしていることもあるんだ。そのほかにも、ばいきんがついているといけないので、しょうどくさっきんのために、いちどグツグツとゆでておきましょう！

それは、じっけんのたいせつなしたじゅんびですね。

えんちょう
せんせい

じっけんのてじゅん

こんげつのじっけんざいりょう

▶ どんぐり　3こ
▶ たけぐし
▶ キリ
▶ セロハンテープ、はさみ

注：どんぐりの代わりに紙ねんどを使え
ば、より安全に実験できます（写真❾）。

しゃしんでプレビュー

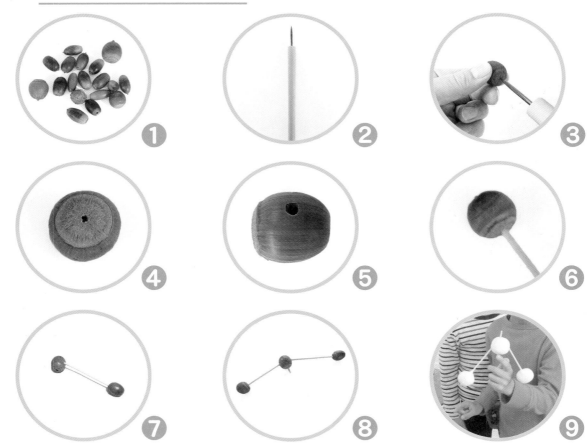

❶

❷

❸

❹

❺

❻

❼

❽

❾

てじゅん①

どんぐりを3こえらんで、それぞれ、ぼうし（帽子）が
とれたところにキリであなをあけます。

はかせ

どんぐりは、あなのあいていない、かたちのいいも
のをえらびましょう。ゆであがったどんぐりは、や
わらかいのであながあけやすいですね。

キリで「けが」をしないように、ねんしょうさんは、
たんにんのせんせいやほごしゃのみなさんにあけても
らいましょうね。じしんのあるおともだちは、ちゅう
いをしながら、あなをあけてください。

えんちょう
せんせい

てじゅん②

あなをあけたどんぐりのうち1こに、りょうがわのよこに
もひとつずつ、キリであなをあけましょう。

はかせ

このとき、さいしょはどんぐりのから（殻）のぶぶ
んにだけあなをあけるようにちゅういしてね。

からにあなをあけたら、つぎはななめうえにむかっ
て、あなをあけつづけます。

えんちょう
せんせい

てじゅん③

つづいて、のこりの2このどんぐりにあいて
いるあなに、たけぐしのとがっていないほう
をさしこみましょう。このときもけがをしな
いように、ちゅういしてね。

たけぐしがゆるくなっているこどもたちがいます。

えんちょう
せんせい

そういうときは、たけぐしにセロハンテープをまき
つけて、ふとくしてから、どんぐりのあなにさしこ
むといいよ。

はかせ

てじゅん④

2このどんぐりにさしたたけぐしのとがっ
たさきを、よこあなをあけたどんぐりに、「な
なめした」から、さしこみます。

おやまのかたちをつくるようにさしこむのですね。3
このどんぐりがつながりました。

えんちょう
せんせい

76

てじゅん⑤

さいごに、まんなかのどんぐりののこった
あなに、たけぐしをみじかくして、とがっ
てないほうのはんぶんをををさしこんでくだ
さい。

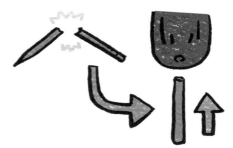

みじかいあしができましたね。

えんちょう
せんせい

はい、みんな、これでやじろべえのかんせいだ！

はかせ

かんせーい！！

あそんでみよう！

みなさん、さっそくやじろべえであそんでみましょう。はかせ！　どうすればいいですか？

はかせ

ひとさしゆびのゆびさきに、まんなかのどんぐりからでているたけぐしをのせてごらん。やじろべえさん、ゆらゆらゆれるけれど、またもどってきて、ゆびさきからおちないね。

あらら！　すぐにかたむいておちるこどもたちもいますよ。みてあげてください！

はかせ

やじろべえは、てんびんやシーソーとおなじで、うでのながさがながいとかるいものを、うでのながさがみじかいとおもいものをつけないと、つりあわないんだ。みぎかひだりか、どんぐりがおもいほうのたけぐしを、すこしおくまでさしこんでみじかくすると、バランスがよくなってつりあうはずだよ。

78

はかせ

それともうひとつ、じゅうしん（重心）が、まんなかのどんぐりをささえているつまようじのさきより、ひくくないと、やじろべえがたおれてしまうから、なるべく、みぎ、ひだりのどんぐりのおもりが、まんなかのどんぐりよりもひくくなるようにちょうせいしよう。これで、みんなばっちりできるはずだよ（じっけんでわかったことの図を参照）。

こんどはみんな、ばっちりとつりあっているようですよ。ありがとうございます。

えんちょうせんせい

じっけんでわかったこと

やじろべえは、ささえているてんより、ぜんたいのじゅうしんがしたにあると、たおれません。じゅうしんってわかるかな？　あるものをささえてバランスをとろうとしたとき、そのてんに、そのもののおもさがぜんぶあつまっているとおもっていいてんです。

このじゅうしん（ずのあかいてん）が、やじろべえのまんなかのどんぐりをささえているつまようじのさきよりも、したにあれば、やじろべえはたおれません。ぎゃくに、じゅうしんがうえにあると、やじろべはあんていしないで、たおれやすくなります。

詳しい解説（大人用）

やじろべえは、2つのことを教えてくれます。1つは、てんびんの話です。てんびんが釣り合うのは、右に傾こうとする力と左に傾こうとする力が等しいときです。つまり、右の腕にとりつけたおもりにはたらく重力という力に、腕の長さを掛けたものと、左の腕にとりつけたおもりにはたらく重力と腕の長さを掛けたものが、釣り合ったときです。

図のてんびんは、右腕におもり2個、長さが3めもりです。左腕にはおもり3個で、長さが2めもりです。

右に傾く効果は、3 × 2 ＝ 6

左に傾く効果は、2 × 3 ＝ 6

すなわち、どちらも傾く効果が6で一緒です。したがって釣り合うというわけです。

もう1つは、やじろべえを支えるには、支点が重心よりも高くないと難しいということです。著者も出演したNHK Eテレの番組「軽トラックやじろべえ」では、巨大な実験を行いました。

軽トラックの左右のおもりを重くし、左腕のおもりを348.0kg、右腕のおもりを330.6kgにして、重心を支点よりも下げると、軽トラックやじろべえは見事に立ちました！

参考：ベーシックサイエンス 第17回「やじろべえの科学〜重心〜」(https://www.nhk.or.jp/kokokoza/library/tv/basicscience/archive/resume017.html)

図：てんびんが釣り合う仕組み

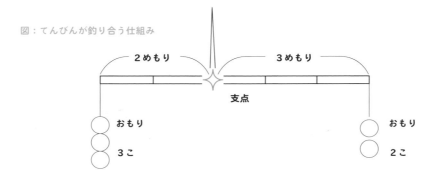

12がつ
の
じっけん

・・・・・・・・・・・・・・・・・・・・・・・・

クリスマスの
おかざりにさいてき
へんこうばんで
いろあそび

いよいよとしのせ12がつ！　クリスマスのきせつです。

みんなは、サンタクロースさんから、

ことしもプレゼントをもらえるかな？

こんげつは、クリスマスにぴったりの、

ひかりにかんするじっけんです。じっけんがおわったら、

クリスマスのすてきなおかざりにつかいましょう。

サンタさんがよかったのに
なんでトナカイ…

おもいよ～

プレゼントを
くばりにいくにゃん

こんげつは12がつだから、クリスマスにふさわしいじっけんをやるよ！

はかせ

クリスマスツリーに、おほしさまやリースやいろいろかざって、ライトをともしたいですね。

えんちょう
せんせい

それにぴったりのじっけんをよういしたよ。セロハンテープをかさねてはっていくだけで、ふしぎないろがみえるんだ。

はかせ

クリスマスのおかざりにできそうですね。たのしみです。

えんちょう
せんせい

83

じっけんのてじゅん

こんげつのじっけんざいりょう

- ▶ **へんこうばん**（偏光板）
- ▶ **ビニールぶくろ**
- ▶ **セロハンテープ、はさみ**
- ▶ **おかざりようのひも**
- ▶ **さとう**（グラニューとう）

しゃしんでプレビュー

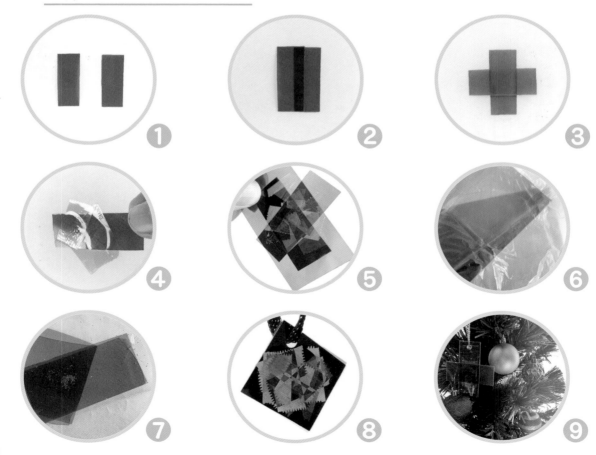

てじゅん①

2cm×5cmていどにきったへんこうばん
を2まい（注：縦の目のものと横の目のもの）
よういし、りょうてに1まいずつもちま
す。この2まいをぴったりとかさねてか
ら、すこしよこにずらしてみます。

えんじのみなさん、よくかんさつしてみてください。

えんちょう
せんせい

2まいのかさなったところが、くらくなっているね。
これをクロスニコルといいます。

はかせ

てじゅん②

つぎに、どちらか1まいだけを90°まわして、
じゅうじ（十字）のかたちにかさねてみます。

あれっ、こんどはくらくならないで、まだすきとおっ
てみえますね。

えんちょう
せんせい

よくきがつきましたね。じゅうじにかさねると、か
さなったところはまっくらにはならないで、すきと
おってみえます。これをオープンニコルといいます。

はかせ

85

てじゅん③

こんどは、へんこうばんの1まいに、セロハンテープをいろいろなながさにきって、ぺたぺたとはってください。

はかせ

すきなだけじゆうにはっていいですよ。ただし、へんこうばんからはみださないようにね。

てじゅん④

セロハンテープをじゅうぶんにはったら、もう1まい（注：目の方向が違うもの）のへんこうばんをかさねます。

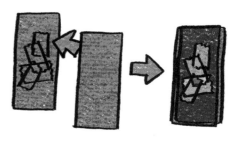

はかせ

2まいをぴったりかさねてもいいし、ちょっとずらしながらかさねてもいいですよ。

あらふしぎ！　ステンドグラスみたいだわ。カラフルできれいだから、クリスマスのおかざりにぴったりですね。

えんちょう
せんせい

てじゅん⑤

こんどは、そのあいだにビニールをのばしてはさんでみます。

ビニールののばしかたによって、いろのみえかたがすこしずつちがってくるよ。

はかせ

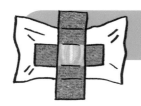

あらあら、これもきれいですね！

えんちょうせんせい

かんせーい！！

じっけんでわかったこと

　ひかりは、へんこうばんをとおるまでは、いろいろなむきをむきながらやってきますが、へんこうばんは、ライオンのおりのてつのぼうみたいに、たてだけならたてだけにくしがとおっています。そのため、1まいめのへんこうばんをすりぬけてきたひかりは、2まいめも3まいめも、くしがたてむきなら、とおりぬけます。でも、2まいめのへんこうばんのくしがよこむきだったら、とおりぬけができません。このため、2まいめよりあとではくらくなります。

　てじゅん⑤では、ビニールぶくろのかわりに、おさとう（グラニューとう）やスマホのがめんなどをつかっても、おもしろいじっけんができますよ。

詳しい解説（大人用）

　自然の光は、いろいろな向きに振動しています。偏光板は一定方向の光しか通さない、不思議な板です。そのため偏光板を通すと振動する方向が一方向だけの光になります。これを偏光といいます。

　偏光板を2枚重ねた後、1枚の偏光板だけを回転させてみましょう。ちょうど2つの偏光板が90°のところで真っ暗になります。この状態をクロスニコルとよびます。スマートフォンなどの液晶ディスプレイは、それ自体が偏光を送ってくるので、偏光板1枚でクロスニコルを作ることができます。実は、このことにより光が横波であることがわかります。

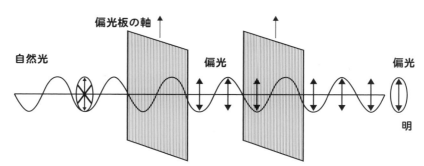

図：偏光板の重ね方で光の見え方が異なる仕組み

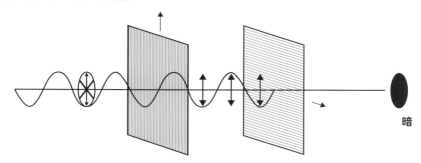

1がつ
の
じっけん

きりもちに
えをかいてやくと
どうなる？

おしょうがつ、みなさんは、どうすごしましたか？

おもちをいっぱいたべましたか？　といっても、

おもちがまだたくさんのこっているおうちも

おおいことでしょう。

こんげつは、このおもちをつかって、きりもちに、

しょくべに（食紅）でえをかいて、やいてみましょう。

どんなふうになるかな？

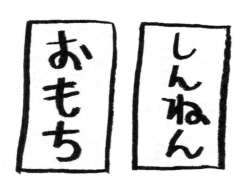

あけましておめでとうございます。えんじのみなさんは、おしょうがつをたのしくすごしたかな？　おせちやおもちをたくさんたべたかな？

はかせ

おもち、おいしくって、ついついたべすぎてしまいました。もう、おもちはみたくないんです。

えんちょう
せんせい

こんかいは、そのおもちをつかってじっけんをしてみましょう。かんたんなじっけんですが、うちゅうのぼうちょうについてもかんがえることができますよ。

はかせ

それはそうだいなじっけんですね。よろしくおねがいします。

えんちょう
せんせい

じっけんのてじゅん

こんげつのじっけんざいりょう

▶ きりもち　ひとりあたり1〜2こ

▶ しょくべに（いろいろないろがあります）

▶ きれいなふで　1ぽん　　　▶ ホットプレート

▶ おさらかコップとみず（しょくべにをとかします）

▶ ふうせん　　　▶ マジックペンとメジャー

しゃしんでプレビュー

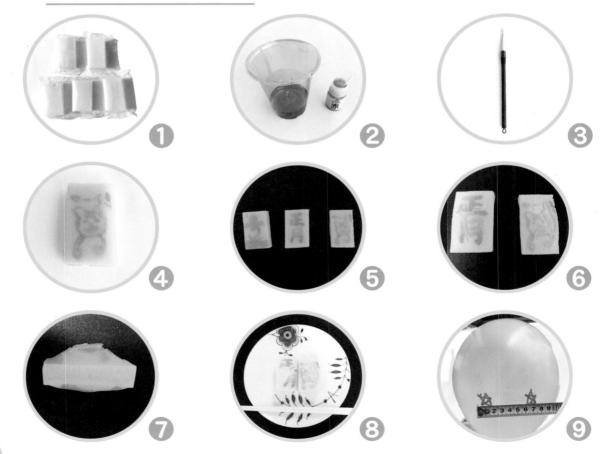

てじゅん①

しょくべにをおさらにいれてみずにとかしたえきをつかって、ふで（筆）できりもちにえをかく。

はかせ

しょくべには、たべてもあんぜんなので、あんしんしておえかきしてください。

おもちがふくらんだところをそうぞうして、たのしいえをかいてみようね。

えんちょう
せんせい

てじゅん②

えをかいたおもちを、ホットプレートのうえにならべます。

はかせ

となりどうし、おもちがくっつくといけないから、となりのおもちとじゅうぶんにはなしてならべてくださいね。

てじゅん③

ならべおえたら、ホットプレートにでんきをながして、きりもちをやきましょう。

うわー、ふくらんできました。えんじのみなさん、どんなふうにふくらむか、よそうしながら、よくみておきましょうね。

えんちょう
せんせい

93

てじゅん④

おもちがふくらむようすをよくかんさつ
して、おえかきなどしてきろくしておき
ましょう。

> みなさん、よそうどおりになりましたか?

えんちょう
せんせい

はかせ

> 3がつには、はんたいに、えがちぢむじっけんをし
> ますから、しっかりみて、よくおぼえてくださいね。
> ところで、おもちは、やくとどうしてふくらむのか
> わかりますか?

> こおりをあたためると、とけてみずになるのとおな
> じですか?

えんちょう
せんせい

はかせ

> いえいえ、こおりがとけるのとはちがって、
> かたいおもちのなかにとじこめられていた
> すいぶんが、あたためられてすいじょうき
> になるから、ふくらむのです。

> あんなにかんそうしてかたくなっているのに、その
> なかのすいぶんだけで、ふっくらふくらむのです
> か? ふしぎですね!

えんちょう
せんせい

はかせ

ところで、みずがすいじょうきになると、なんばいくらいにふくらむかわかるかな？

5ばーい！　10ばーい！

えんじたち

はかせ

なんと、やく1700ばいにふくらむのです！　だから、おもちのなかに、ほんのちょっとでもすいぶんがふくまれていると、それだけでおおきくふくらむんだね。

すごいですねー！　やけたおもちは、おいしくいただきましょうね。

えんちょうせんせい

おいしくいただきましょう！

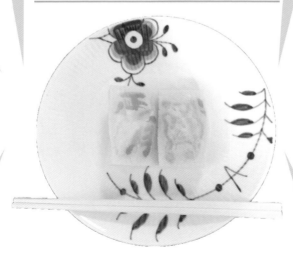

ところではかせ！すいじょうきってなんですか？

えんちょう
せんせい

はかせ

いいしつもんです。みずは、アイスクリームのじっけん（8がつ）でもわかったように、0℃よりもおんどがさがると、こおりになります。ぎゃくにおんどがあがっていくと、100℃でふっとうします。

ふっとうというと、ゆげがいっぱいでることですね。

えんちょう
せんせい

はかせ

そのとおり。ただ、ゆげはすいじょうきではありません。すいじょうきは、みずがくうきとおなじようにきたい（気体）にへんかしてとうめいになったものです。いっぽうゆげは、すいじょうきがまわりのくうきでひやされて、ちいさなすいてき（液体）になって、めでみえているのです。

すいじょうきって、てっきり、ゆげのことだとおもっていましたわ。

えんちょう
せんせい

じっけんでわかったこと

たいらなおもちの、おもてがわにかいたえが、ぷーっとふくれると、どんなかたちになるか、はんたいに、ふくらんだところにかいたえがしぼむとどうなるか（これは3がつのじっけんですね）、かんさつができたかとおもいます。

もうすこしわかりやすくするために、これをふうせんでやってみます。ふうせんをあるていどのおおきさまでふくらませて、マジックペンでえをかきます。ここではおほしさまをふたつかいてみましょう。

ほしとほしのきょりをやわらかいメジャーではかってきろくしておきましょう。

つぎに、ふうせんをさらにおおきくふくらませます。それから、さきほどのほしとほしのきょりをふたたびはかってみ

ます。それぞれのほしとほしのきょりはどうなりましたか？ おたがいに、はなれるようにひろがったかな？

うちゅうは、ぼうちょうしているといわれています。ぼうちょうというのは、ふくらむことです。ビッグバンりろん（理論）というかんがえかたがあって、うちゅうは、さいしょ、ちいさなてん（点）であって、これが、きゅうげきに、まるでばくはつするかのようにふくらんで、いまでもふくらみつづけているというわけです。おほしさまは、どれもみな、おたがいにとおくになっていっているんです。

おもちやふうせんをつかった、こんなかんたんなじっけんから、そうだいなうちゅうのぼうちょう（ふくらむこと）についてしることができるなんて、ゆめがありますね。

1
がつ

詳しい解説（大人用）

　宇宙の誕生についてです。アメリカの天文学者エドウィン・ハッブル（1889〜1953年）は、地球が属する銀河系の外のある銀河からのスペクトル（光）が、我々から速い速度でどんどん遠ざかっている（赤方偏移）ことを発見し、すなわちそれは宇宙全体が膨張しているのだという説を唱えました。銀河が遠ざかる速度vと、その銀河までの距離rとの間に、v=Hr（Hをハッブル定数と呼ぶ）が成り立つという「ハッブルの法則」を発見したのです。最近の研究では、ハッブル定数Hは22km/s/100万光年と言われています。つまり、「100万光年遠ざかるごとにその速度が22 km/sずつ増える」ということです。

　この宇宙の膨張を逆へ逆へと辿っていくと、宇宙は「ある一点」から始まり、現在はその膨張の途中であると考えることができます。これを主張したのが、ロシア生まれのアメリカの理論物理学者ジョージ・ガモフ（1904〜1968年）です。ガモフによると、宇宙は137億年前に「ある一点」の大爆発（ビッグバン）によって誕生し（ビッグバン宇宙理論）、その後、膨張を続けているというわけです。

2がつ
の
じっけん

バレンタインの
おくりもの
エアー・イン・チョコレート

さて、2がつのイベントといえば、
みなさんはなにをかんがえますか？
えん（園）のせんせいたちも、
うきうきしているみたいですよ。
こんげつは、とびきりおいしいじっけんになりそうなので、
おたのしみに！

はかせ、こんげつのじっけん、まだまよっているのですか？　2がつといえば、きまっているでしょ！　まあ、もてないはかせには、なかなかわかりづらいのかな？

えんちょう
せんせい

しつれいな！　わたしもわかいころは…。あっ、そうか！　2がつ、もてる、…バレンタイン・チョコだな！　いいじっけんがありますよ。

はかせ

やっと、わかったようですね。ちゃんとおもしろいじっけんになりそうですか？

えんちょう
せんせい

まかせておきなさい！　とびっきりおいしいチョコをつくろう！　きわめつけは、あのエアー・イン・チョコだ！

はかせ

じっけんのてじゅん

こんげつのじっけんざいりょう

▶ いた（板）チョコ（しはんのプレーンなもの）

▶ ベーキングパウダー（またはじゅうそう）　▶ ぎゅうにゅう

▶ こわけのカップ（注：シリコンカップ6号など。100円ショップで購入できます）

▶ でんしレンジにいれてつかえるコップ

▶ まないた　▶ バターナイフやきんぞくせいのスプーン

しゃしんでプレビュー

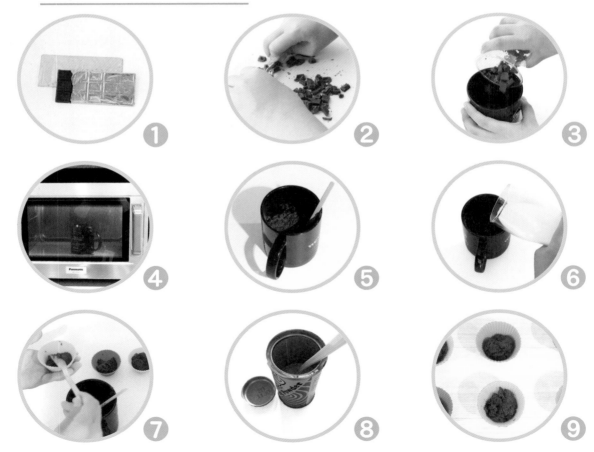

てじゅん①

まないたのうえで、バターナイフなどをつかって、
いたチョコをちいさくくだきます。

はかせ

えんじのみなさんは、けがをしないように、また、
ふくもよごさないように、じゅうぶんにちゅういを
しながらすすめてください。

てじゅん②

くだいたチョコをコップなど（電子レンジで使えるも
の）にいれます。それをでんしレンジで20びょう
ていどあたためます。

たんにんのせんせいやほごしゃのかたにおねがいし
て、でんしレンジでチンしてもらいましょうね。

えんちょう
せんせい

てじゅん③

チョコがとけたら、あたたかいぎゅうにゅうをしょうしょう
いれて、よくかきまぜます。

はかせ

ぎゅうにゅうをいれてかきまぜると、とろとろにな
るはずです。かたまりがのこっていたら、もう10びょ
うほどチンしてもらってください。

えんじのみなさん、はかせのことばどおりに、とろ
とろになりましたか？

えんちょう
せんせい

てじゅん④

とろとろにとけたチョコを、こわけようの
カップにとりわけ、それぞれにベーキング
パウダー（またはじゅうそう）をふりかけます。

はかせ

じゃじゃじゃ、じゃーん！　いよいよ、きょうのメ
インイベントです！　いまから、とろとろのチョコ
に、ベーキングパウダー（またはじゅうそう）をいれ
ます。どうなるかな？

えんじたち

しゅわしゅわしてきたー！　ちい
さいあわがでてきた・・・（いろいろ
ないけんやかんそうがでる）。

たくさんのいいおこたえがでましたね。はかせ、チョ
コレートはもうたべられますか？

えんちょう
せんせい

はかせ

もうすこしがまんしください！　おいしくたべるた
めに、すこしのじかん（20ぷんていど）おへやでさま
します。そのあと、（ちょうりしつやかていの）れいと
うこでつめたくひやします（これも20ぷんていど）。そ
うしたら、おいしいエアー・イン・チョコがたべら
れるよ。

（注）いきなり冷凍庫で冷やすと、膨らんだエアーの部分が萎んでし
まうので、いったんお部屋でさましてから（いわゆるあら熱をとる）、
冷凍庫に入れるとよいでしょう。

かんせーい！！

いたチョコとはまたちがって、さくさくかるくておいしいですね！　はかせ、ありがとうございました！

えんちょう
せんせい

じっけんでわかったこと

　ベーキングパウダーは、ホットケーキをやくときにもつかいます。これをつかうと、ホットケーキがふんわりとよくふくらみます。このベーキングパウダーのおもなせいぶんは、じゅうそう（重曹）です。じゅうそうをあたためると、みんながいき（息）からだしている、にさんかたんそ（二酸化炭素）とすいじょうきがでてきます。

　エアー・イン・チョコに、ケーキのようにあなぼこがたくさんできるのは、このにさんかたんそが、あなぼこのおへやをつくるからです。また、すいじょうき

は、チョコをやわらかくしてくれます。でんしレンジで、あたためすぎると、チョコからすいぶんがぬけてしまい、かちかちになってしまいます。おこのみにかたさにちょうせつがかのうですが，あたためすぎはきんもつです。

　じゅうそうは、ラムネがしにもはいっています。ラムネがしは、くえんさんというす（酢）のようにすっぱいものと、このじゅうそうをねり（練り）あわせてつくります。ラムネにみずをかけると、しゅわーっとあわがでてきますが、あれもにさんかたんそです。

詳しい解説（大人用）

　ベーキングパウダーの主な成分は、重曹という、炭酸水素ナトリウムです。化学式では、$NaHCO_3$ と書きます。

　これに熱を加えると、

$$2NaHCO_3 \rightarrow Na_2CO_3 + H_2O + CO_2$$

と化学反応をし、水（水蒸気）と二酸化炭素が出てきます。この二酸化炭素により、エアー・イン・チョコやパンなどに穴ぼこだらけの空間ができ、膨らむのです。

3がつ
の
じっけん

....

はるらんまん！
<u>プラコップアクセサリーで</u>
おもいでづくり

3がつ、そつえん（卒園）のきせつです。

みなさんのおもいでにのこるように、

かざりつけやプレゼントにつかえる、

かわいいアクセサリーをつくるじっけんをよういしました。

ゆうしゅうのび（有終の美）をかざる、

すてきなじっけんにしましょうね！

そつえんしき

4がつからつづけてきた、たのしくためになるじっけんも、こんかいがさいごです。おもいでにのこるすてきなじっけんで、そつえんをおいわいしましょうね！

えんちょう
せんせい

よーし！　それなら、たのしいアクセサリーを、プラコップをつかってつくることにしよう！

はかせ

むずかしいじっけんなのですか？

えんちょう
せんせい

うーん。ちょっとあたまをつかうかな。でも、ここまでのかずかずのじっけんで、こどもたちもおおくのけいけんをしてきたから、きっとうまくできるとおもいます！

はかせ

じっけんのてじゅん

こんげつのじっけんざいりょう

▶ プラコップ（とうめいな、ごくふつうのプラスチックコップ）

▶ マジックペン（ゆせいのもの。いろいろないろ）

▶ くびかざりようのひも（紐）

▶ トースター、アルミシート　▶ はさみ

▶ ぐんて（軍手）　▶ おもいほんなど（おもしになるもの）

しゃしんでプレビュー

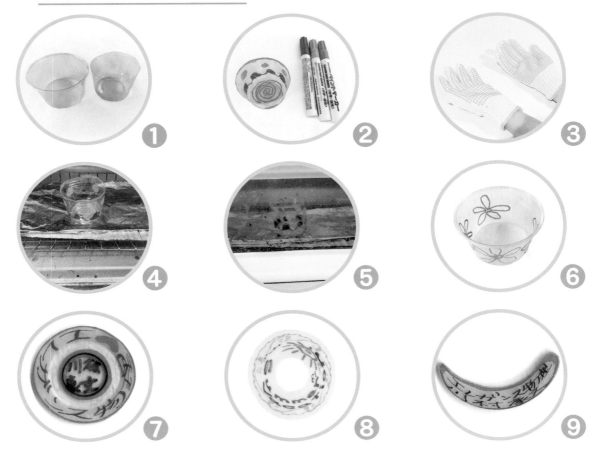

こんげつは、[1ばん]プレート（ネームカード
など）、[2ばん]ドーナツがた（型）アクセサ
リー、[3ばん]みかづきがた（三日月型）アク
セサリーの3しゅるいのアクセサリーをつ
くります。

こんかいは、みんなそれぞれくふうして、じぶんだ
けのオリジナルのアクセサリーをつくるぞ！

はかせ

えんじのみなさんは、なんばんがやりたいかな？
いっぺんにつくるのはたいへんなので、いくつかのは
んにわけて、やりたいものコーナーをつくって、そこ
にあつまってもらいましょうか？

えんちょう
せんせい

それはいいかんがえですね。

はかせ

注：ここからは、本の上では、順番に紹介しますが、
実際には、3つの実験とも同時進行で大丈夫です。また、
時間にゆとりがある場合は、実験1ばんから実験3ばん
までを順番にやっても構いません。年長さん用、年中
さん用と、内容を分けてもいいでしょう

3
が
つ

てじゅん②

1ばんめの「プレート」のじっけんです。まず、プラコップがトースターのなかにはいるかどうか、チェックしましょう。

はかせ

プラコップがトースターにはいらないときは、うえ（上）とした（下）の2つにきりわけるなどくふうをしてください。じっけんは、いろいろくふうするからおもしろいのです。

てじゅん③

チェックがおわったら、プラコップのしたがわにカラーマジックでおえかきをしましょう。

プラコップの「そこ」はかきやすそうですが、「よこ」はむずかしそうですね。

えんちょう
せんせい

はかせ

そうなんです。しかもですよ、プラコップのよこにかいたえは、そのままできあがりになるのではなく、なんとふしぎなへんけいをするのです。

はかせ、なにをいっているかよくわかりません！

えんちょう
せんせい

ここで、はかせがみほんをじつえんします。

はかせ

「ひゃくぶんはいっけんにしかず（百聞は一見に如かず）」ということわざがあります。まず、みほんをおみせしますから、えんじのみなさんも、よーくみててね！

なにがおこるんだろー？　わくわくするなあ。

えんじたち

はかせ

カップのそこは、そのままちぢむけれど、カップのよこはそれまでのまるくりったい（立体）だったものが、えんばんにへんけいしたよね。このように、カップのよこのもようは、かわるんだよ。

あらまあ、たいへん！　これは、ちぢんだあと、どうみえるのかをよそうしておかないと、なかなかかけないわね。

えんちょう
せんせい

注：横側の絵の変形を予想するには、空間の認識力が高くないと難しいです。逆に、この実験は、空間の認識力を高める実験ともいえるので、そのような能力を育てるように指導しましょう。

てじゅん④

おえかきをしたプラコップをトースターにいれ、かねつする。アルミシートは、4まいがさねにする。

はかせ

プラコップに、おえかきはできたかな？　えがかけたおともだちは、トースターでチン！をしましょう。せんせいがたやほごしゃのみなさんにもてつだっていただいて、「やけどをしないように」、かならずぐんて（軍手）をはめてからじっけんしましょう。

タイマーはなんぷんにセットすればよいですか？

えんちょう
せんせい

はかせ

いいしつもんです！　じつは、このじっけん、すすめているうちにトースターが、すこしずつあつくなってくるので、さいしょのチン！のじかんと、とちゅうからのチン！のじかんがかわってきます。したがって、トースターのなかをよくみて、カップがぺしゃんこになったら、アルミシートごとカップをそとにだしてください。

あついので、くれぐれも「やけどにちゅうい」してくださいね。

えんちょう
せんせい

てじゅん⑤

アルミシートごとカップをとりだしたら、あついうちに、カップのうえにもかさねたアルミシートをかぶせます。そのうえから、おもいほんなどをのせておもしにし、たいじゅう（体重）もかけてカップをたいらにします。しばらくおしつけたら、かんせいです。

かんせーい！！

はかせがつくったのは、ネームプレートですか？
そつえんするきねんになりますね！　すてきです！

えんちょう
せんせい

てじゅん⑥

つぎは2ばんめのドーナツがたアクセサリーをつくります。プラコップをすいへいほうこうにふたつにきり、うえのほう（のみくちがわのほう）におえかきをします。

プレートつくりとおなじようにチンして、おもしをしたら、ドーナツがたのアクセサリーができますね。

えんちょう
せんせい

できあがったドーナツがたアクセサリーにすてきなひもをとおして、くびかざりにしてみましょう。おともだちとこうかんしてもいいね。

はかせ

かんせーい !!

てじゅん⑦

さいごに、3ばんめのじっけん、みかづきがた（三日月型）アクセサリーをつくります。

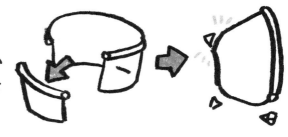

はかせ

こんどは、みかづきがたアクセサリーをつくってみましょう。

どうすればいいですか？　むずかしそうです。

えんちょう
せんせい

はかせ

そうだね。さきほどつくったドーナツがたアクセサリーを4ぶんの1にきってみましょう。さて、この4ぶんの1のものは、ねつでちぢめるまえ、どんなかたちをしていたでしょうか？

ねつでちぢめるまえは、よこのめんなので、だいけい（台形）のかたちをしていました。ということは、よこのめんをだいけいのようにきりとれば、ドーナツがたの4ぶんの1とおなじかたちのものができます。

えんちょう
せんせい

117

はかせ

えんじのみなさんも、いっしょにかんがえてね。それでは、このだいけいのよすみ（4隅）のかどをまるくきりとってから、ねつでちぢめたらどうなるでしょうか？

えんちょう
せんせい

チンしてみますね。あら、まあ！　みかづきがたアクセサリーがたんじょうしました！　イヤリングにするときれいでしょうね。

かんせーい！！

じっけんでわかったこと

1がつのきりもちのじっけんでは、たいらなえが、ふくらむとどうなるかわかりました。こんげつは、「ふくらんでいたえがしぼむとどうなるの」というじっけんです。どうですか、よそうどおりでしたか？　じつはこんかいつかったプラコップや、ペットボトルなども、ねつでふくらませてつくっているんですよ。

詳しい解説（大人用）

　100円ショップなどで売られているプラコップは、その多くが、スチロール（PS；6）でできています。材料が、高温で液体状に溶けているあいだに、成形され製造されます。このとき、あまり変形しませんが、横の面はかなり引きのばされます。そのため、トースターで熱を加えた場合、プラコップの底はあまり変形しませんが、横の面はみるみる縮みます。ですから、横の面にかいたイラストがどのように変形するかをみながら、三日月型アクセサリーなどを作って楽しむことができるのです。

　ところで、プラスチックをリサイクルするとき、種類によって分別します。このとき役に立つのがプラスチック材質表示識別マークです。全部で次の7種類があります。

PET　HDPE　PVC　LDPE　PP　PS　OTHER

1．ポリエチレンテレフタラート（PET）
2．高密度ポリエチレン（HDPE）
3．塩化ビニル樹脂（PVC）
4．低密度ポリエチレン（LDPE）
5．ポリプロピレン（PP）
6．ポリスチレン（PS）
7．その他（OTHER）
図：プラスチック材質表示識別マーク

おわりに

　この本を活用されて、いかがだったでしょうか？

　これからの理科教育は、小学校からではなく、幼児期からの学習が大切だといわれています。平成28年度告示の学習指導要領も、幼小中高を貫いた学習を謳っています。小学校に入学してからの学習にもスムーズにつながるように、幼児期の準備は大切です。しかし、これまで、理科教育の専門家と幼児教育の専門家とが協力しあって書かれた本は、決して多くはありません。

　現在、理科教育以外の場面でも、STEAM（スティーム）教育が大事だといわれています。著者の一人は、Edtech（エドテック）を活用し、STEAM教育を牽引する研究者です。STEAM教育とは、S：サイエンス、T：テクノロジー、E：エンジニアリング、A：アート、M：数学（mathematics）で複合的に構成される学びです。

　著者らは、東京理科大学のサイバーメディアキャンパス・未来の教室プロジェクトのメンバーで、このような学びについて、日々研究を続けています。その研究成果も、この幼児のための理科実験の本に含まれています。

　AIの時代と一口にいいますが、STEAMのTに示されるように確固とした技術が必要です。その技術は、ものづくりを根気よく続けることで身についてくるものです。しかし、人々の共感を呼ぶためには、A（アート）の部分が大切です。共感されない工作物は、つくっただけのものに終わってしまいます。幼児期からアートを意識したものづくり、また、サイエンスに基づいたものづくりが大切です。この本で1年間通しての実践を行うことで、きっと未来の子供たちに、STEAM教育の成果が引き継がれることでしょう。

　先生がたも、きっと、こどもたちと一緒になって楽しめて、なおかつ、先生がた自身の成長にも出会えることでしょう。

2020年1月
川村 康文、小林 尚美

著者紹介

川村康文 （かわむら やすふみ）

東京理科大学理学部第一部物理学科教授。1959年、京都市生まれ。博士（エネルギー科学、京都大学）。歌う大学教授（環境保護ソング、世界平和を祈る歌など）としても有名。「ベーシックサイエンス」（NHK Eテレ）の監修および出演など、テレビ番組で活躍。「所さんの目がテン」（日本テレビ）の科学の里では、エネルギーの専門家として、風車で発電する実験や太陽熱で温水シャワーを作る実験で出演。著書は「独創性を育てる理科教育論」（講談社）など多数。東京理科大学総合研究院「未来の教室・サイバーメディアキャンパス懇談会」では、これからの理科教育について研究をおこなっている。

小林 尚美 （こばやし なおみ）

幼児教育専門家。1966年、大阪府生まれ。4歳からスズキ・メソードでピアノを習い、幼稚園教諭や保育士として、音楽に親しむこころの教育を乳幼児に対して実践してきた。大阪での園長経験を経て、東京で園長を務める傍ら、東京理科大学総合研究院「未来の教室・サイバーメディアキャンパス懇談会」・未来の教室プロジェクトに参加し、幼児の理科実験について研究をおこなっている。

イラストレーター紹介

すずきまどか

明星大学生活芸術学科版画科卒業。東京都生まれ。在学中より科学に触れる機会を得て、科学の面白さを知りそれを伝える楽しさを学ぶ。現在は実験の挿絵を多く手掛けるほか、パフォーマーとして科学を伝える活動も行う。

装丁・本文デザイン：大倉真一郎
DTP・デザイン：今垣知沙子

カバー・本文イラスト：すずきまどか

編集：さび猫
協力：まよ＆ゆっきー

園児と楽しむ
はじめてのおもしろ実験12ヵ月

2020年2月14日　初版第1刷発行

著　者	川村康文（かわむら やすふみ）
	小林尚美（こばやし なおみ）
発行者	青田 恵
発行所	株式会社風鳴舎

〒 171-0021
東京都豊島区西池袋1丁目11-1
メトロポリタンプラザビル14階
（電話03-5963-5266/FAX03-5963-5267）

印刷・製本　奥村印刷株式会社